HINWEIS FÜR DEN LESER:

DIE AUTORIN DIESES BUCHES HAT 22 KINDER (DAVON 6 ZWILLINGE UND 9 DRILLINGE), ALSO WEISS SIE, WOVON SIE SPRICHT

SCHAU DIR IHR BADEZIMMER AN

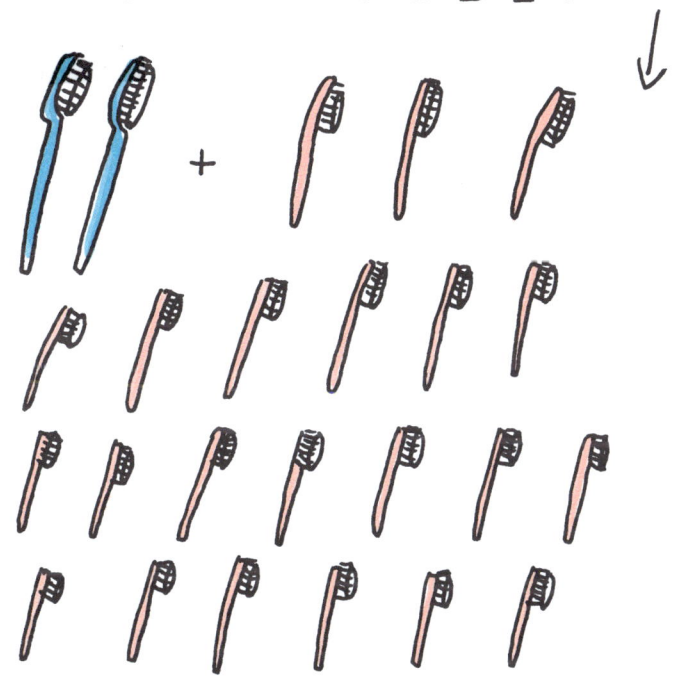

FAMILIENTUBE ZAHNPASTA

FRAGOLA ®

ERDBEERGESCHMACK

5 KILO

TEXT UND ILLUSTRATIONEN FRANÇOIZE BOUCHER
(MITHILFE VON LOU BOUCHER)

EINLEITUNG

WIE BIST DU AN DEINE ELTERN GERATEN?

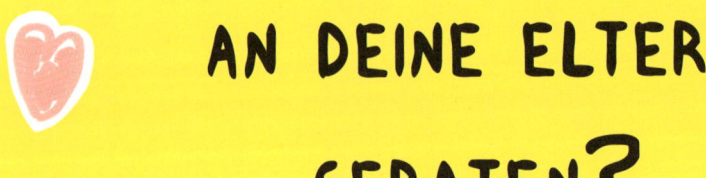

HINWEIS: SELBST WENN DEINE ELTERN
DIESEN HIER ÜBERHAUPT NICHT ÄHNELN,
ABER SO **GANZ UND GAR NICHT,**

IST DIESES BUCH **FÜR DICH,**

WEIL ALLE ELTERN DER WELT GEMEINSAMKEITEN HABEN.

UM DIE HERAUSZUFINDEN, BLÄTTERE SCHNELL UM!

SENSATIONSMELDUNG!

OH JA, UM DICH ZU ZEUGEN, HABEN DEINE ELTERN **LIEBE** GEMACHT (SO WIE MILLIARDEN ELTERN AUF DER WELT)

SIE HABEN DICH WEDER IM SUPER-MARKT GEKAUFT

NOCH IN EINEM BLUMENKOHL GEFUNDEN

UND DIE GESCHICHTE MIT DEM STORCH IST VÖLLIGER BLÖDSINN!

DU

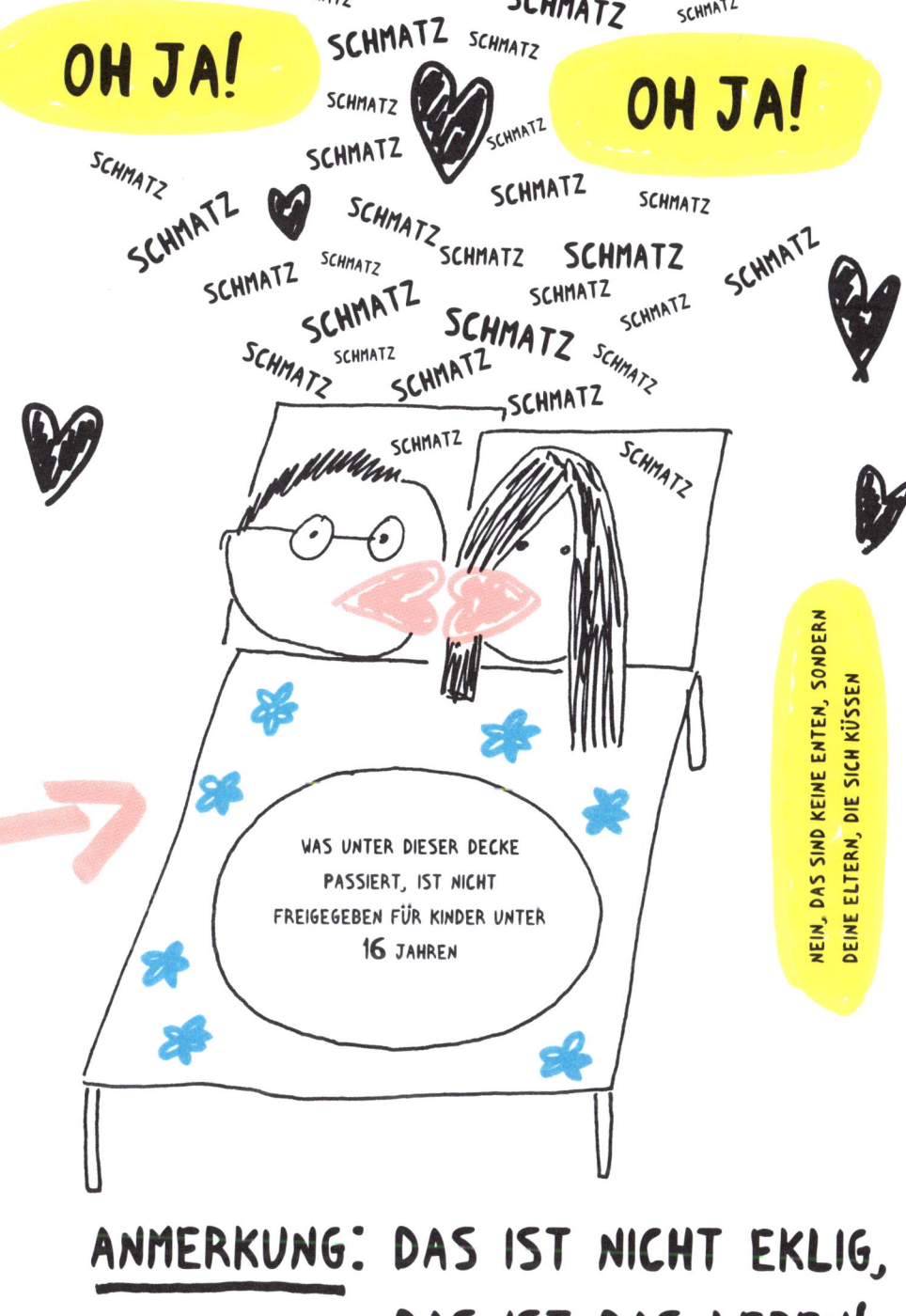

BINGO!

HUHU, ICH BIN'S,
DIE SUPER-EIZELLE.
OHNE MICH GÄBE ES DICH NICHT!!!

RIESENANGEBERIN

UND ZACK, ZACK, ZACK

UND 9 MONATE SPÄTER BIST DU BEI DEINEN ELTERN ANGEKOMMEN

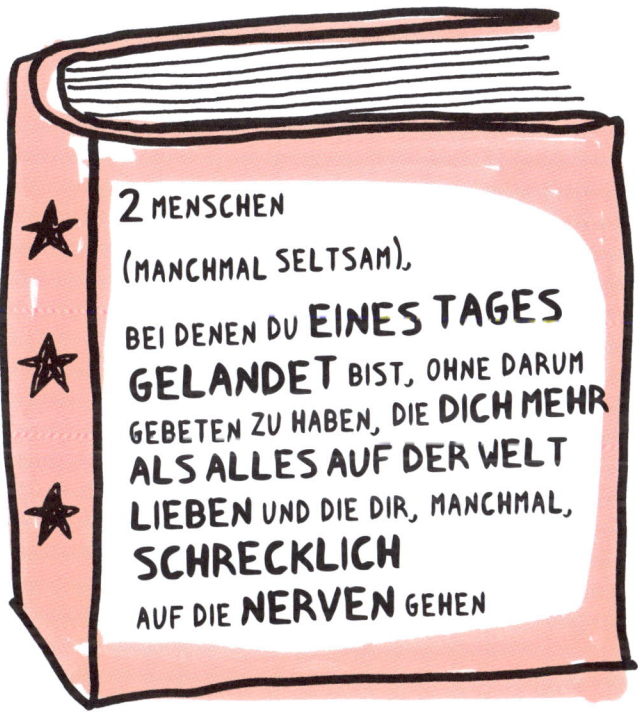

DIE OFFIZIELLE DEFINITION VON »ELTERN«

2 MENSCHEN (MANCHMAL SELTSAM),

BEI DENEN DU **EINES TAGES GELANDET** BIST, OHNE DARUM GEBETEN ZU HABEN, DIE **DICH MEHR ALS ALLES AUF DER WELT LIEBEN** UND DIE DIR, MANCHMAL, **SCHRECKLICH** AUF DIE **NERVEN** GEHEN

DAS WÖRTERBUCH, DAS DIE **GANZE WAHRHEIT** ENTHÄLT

DU DENKST, DEINE ELTERN WÄREN (FAST) NORMALE MENSCHEN

DABEI SIND SIE TOTAL AUSSERGEWÖHNLICHE GESCHÖPFE

SIE SIND **BIONISCHE** WESEN **MIT** SUPERKRÄFTEN

BIEP

BIEP

BIEP

RADAR FÜR POSITIVE UND NEGATIVE EMOTIONEN

SENSOR, UM ZU WISSEN, OB ES DIR GUT GEHT

VERGLICHEN MIT DEINEN ELTERN IST DER **BERÜHMTE ROBOMAN** NICHTS ALS <u>ELEKTROSCHROTT</u> →

IST GAR NICHT WAHR!

BIEP

BIEP BIEP

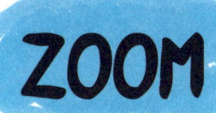

ZOOM

ZOOM

ZOOM

ANTENNE, UM DEINE GEDANKEN ZU ENTSCHLÜSSELN

LÜGEN-DETEKTOR

LASER-AUGE

NASE, UM HERAUS-ZUFINDEN, OB DU DICH WIRKLICH GEWASCHEN HAST

DESHALB KANNST DU IHNEN FAST NICHTS VERHEIMLICHEN!

Sie haben ein <u>RIESENGROSSES</u> MAGISCHES HERZ,

DAS DICH 24 STUNDEN AM TAG LIEBT (SELBST WENN DU WIRKLICH **UNERTRÄGLICH** BIST)

DER BEWEIS (GRÖSSENVERGLEICH)

ELTERN-HERZ

ICH WÜRD' MIR GERN EINEN CHEESEBURGER GENEHMIGEN

RIESIGES ÜBERGEWICHTIGES MAMMUT

NIEMALS DEFEKT
HERZ, DAS DICH LIEBT, SELBST WENN DU DICK BIST, SCHIELST + UNGEWASCHEN BIST + SCHLECHTE NOTEN BEKOMMST + WENN DU DEINEN SPINAT NICHT AUFISST.
ZENTRUM DER TOTALEN LIEBE
STETS VERKABELT
HERZ, DAS DICH TAG UND NACHT LIEBT

DEINE ELTERN KÖNNEN SICH IN EINER MILLISEKUNDE **VERWANDELN**, UM DICH ZU VERTEIDIGEN UND ZU BESCHÜTZEN, WENN DIR JEMAND BÖSES WILL

UNGLAUBLICH!

BEISPIEL: SCHAU, WAS PASSIERT, WENN JEMAND DICH VOR IHREN AUGEN WIE EINEN RIESENSCHWACHKOPF MIT 3 HIRNZELLEN BEHANDELT

DEINE MAMA

ZU ALLEM BEREITE TIGERIN

DEIN PAPA

EXTREM WILDES RAUBTIER

ABER **VORSICHT,** WENN DU ES
ÜBERTREIBST, KANN SICH DAS GEGEN
DICH WENDEN: SIE KÖNNEN SICH IN
EINEN SCHRECKLICHEN, BRÜLLENDEN
DRACHEN VERWANDELN, DER
FEUER SPUCKT

DEINE MAMA

DEIN PAPA

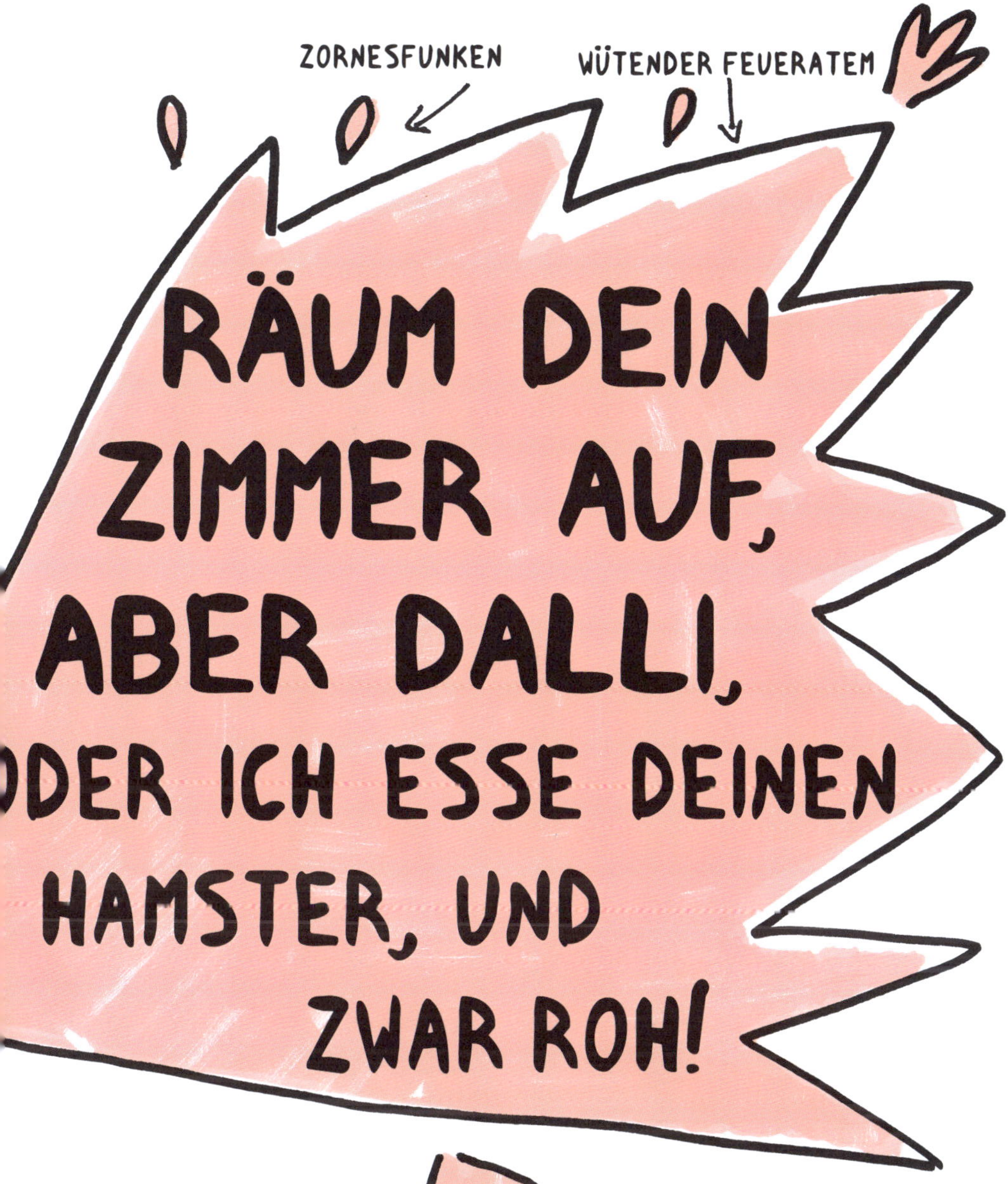

ZORNESFUNKEN

WÜTENDER FEUERATEM

RÄUM DEIN ZIMMER AUF, ABER DALLI, ODER ICH ESSE DEINEN HAMSTER, UND ZWAR ROH!

UND SCHON FINDEST DU ES GAR NICHT MEHR SO LUSTIG!

DEINE ELTERN SIND **ECHTE GENIES** DARIN, DEINE PROBLEME ZU LÖSEN. SOLLTEST DU ALSO WELCHE HABEN, ZÖGERE **NIEMALS**, IHNEN DAVON ZU ERZÄHLEN!

SIE SIND SUPER BEWAFFNET, UM DIR ZU HELFEN

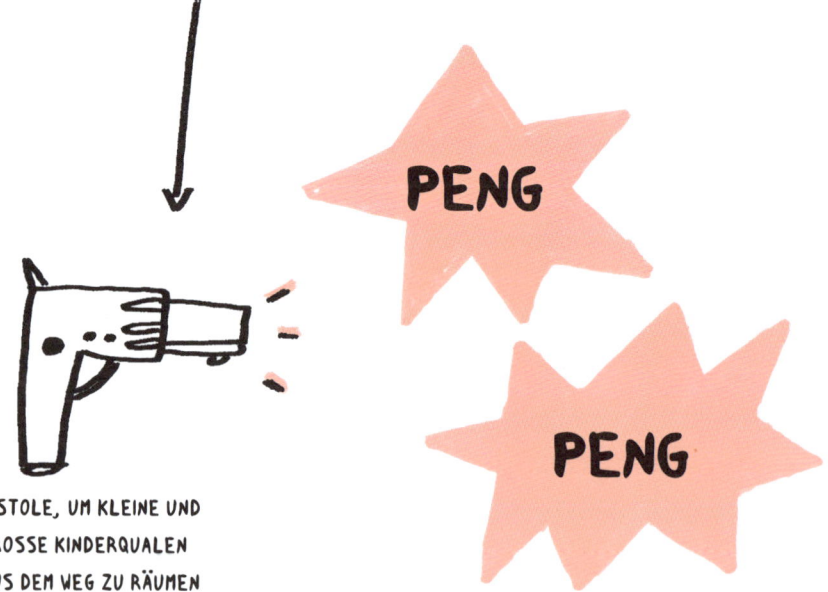

PENG

PENG

PISTOLE, UM KLEINE UND GROSSE KINDERQUALEN AUS DEM WEG ZU RÄUMEN

WAS IST DAS HIER FÜR EIN HÖLLENRADAU?

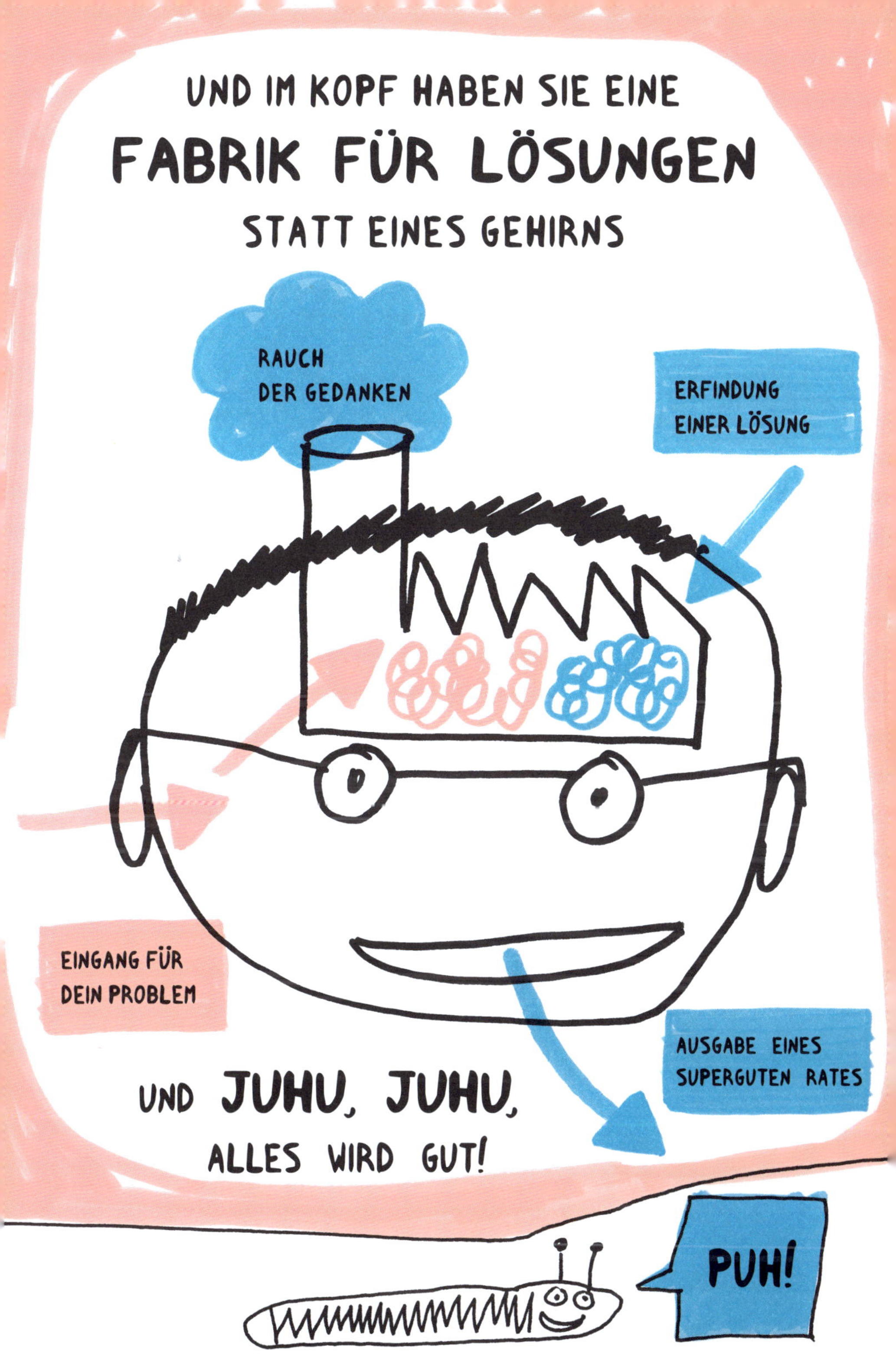

ES SIND **DEINE VORFAHREN,**

SIE SIND SCHON SEHR VIEL LÄNGER AUF DER WELT ALS DU, DAS HEISST, SIE HABEN **UNGEHEUER VIEL LEBENSERFAHRUNG ..**

DINO, DER FREUND DEINES PAPAS
(ER WAR MIT IHM IN DER SCHULE, VOR LANGER ZEIT)

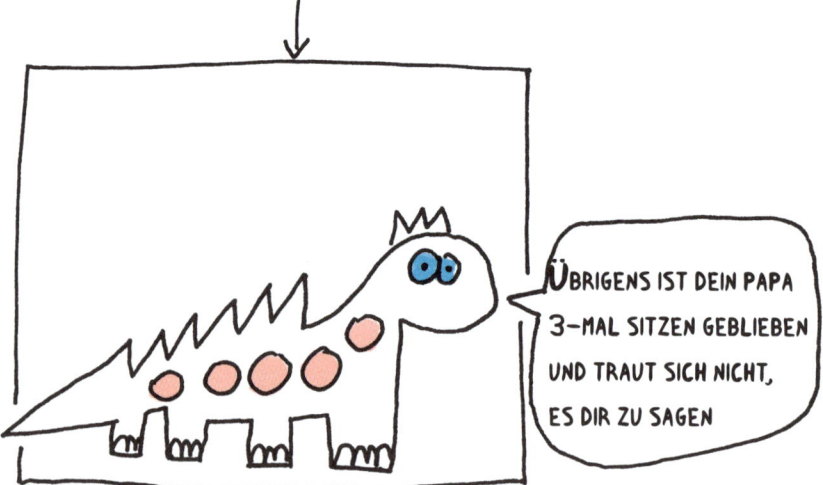

ÜBRIGENS IST DEIN PAPA 3-MAL SITZEN GEBLIEBEN UND TRAUT SICH NICHT, ES DIR ZU SAGEN

STROHDUMMDEBILOSAURUS

… UND KÖNNEN DIR TONNENWEISE SUPERSCHLAUE RATSCHLÄGE GEBEN

HERR UND FRAU VON KROMAGNON
(GEBOREN VOR INTERNET, FACEBOOK®, ICE®, CHOCO KRISPIES® UND COLA ZERO®)

Du musst schon zugeben, dass deine Eltern ECHTE MAGIER sind

1 DAS FÄNGT BEI DEINER GEBURT AN
(SIE KOMMEN DARÜBER NICHT HINWEG)

UND **ABRAKADABRA** !!!!

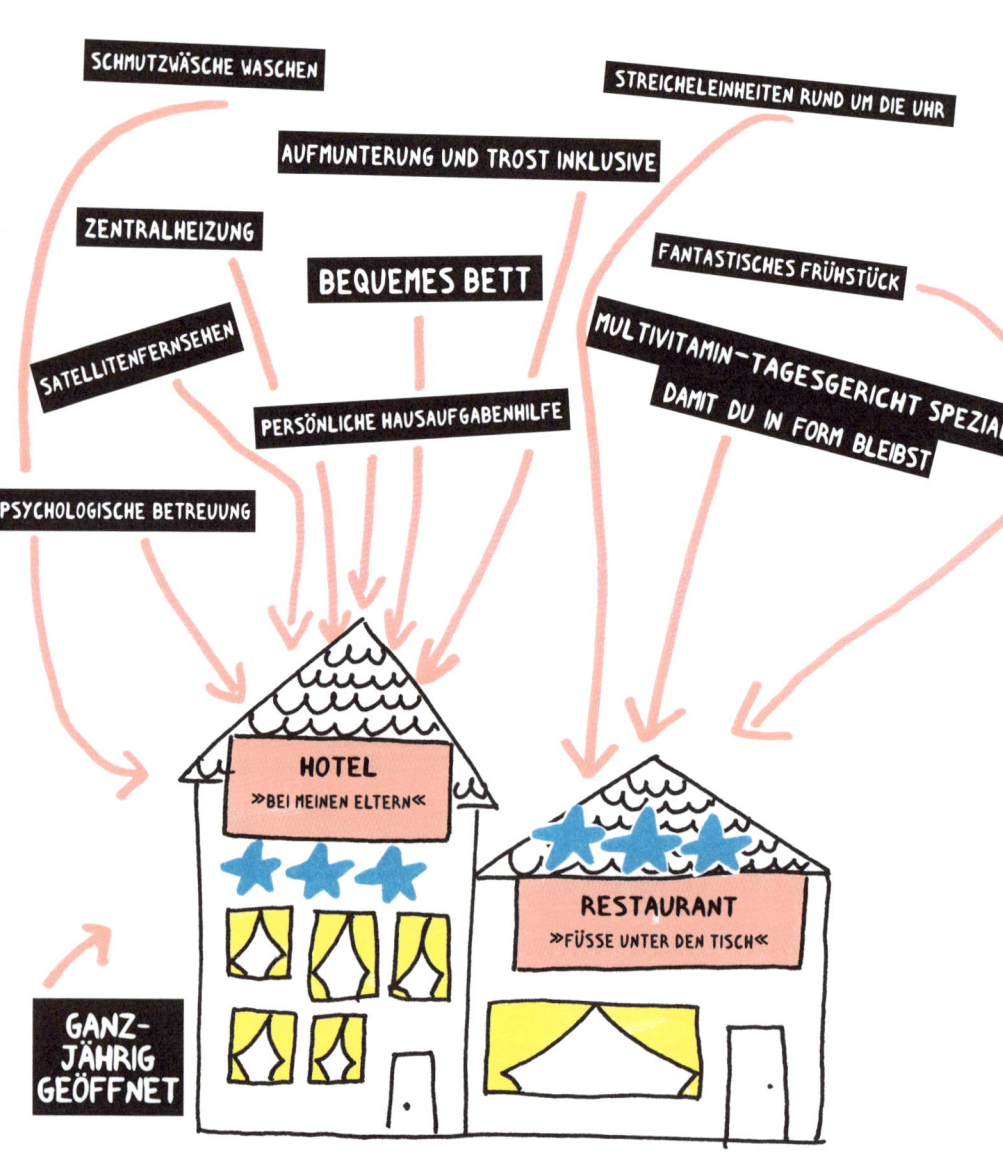

ABER MAN DARF **TROTZ ALLEM**

NICHT ZU VIEL VON IHNEN VERLANGEN

TRÄUMST DU ODER WAS?

HALLO,
DIES IST
EIN ÜBERFALL
ICH BRAUCHE SOFORT
250 000 EURO, UM
EINEN KINOSAAL IN MEINEM ZIMMER
EINZURICHTEN

DEINE SKIMÜTZE
MIT **2 LÖCHERN**

DU
MASKIERT

DEINE PLASTIK-
WASSERPISTOLE

EBK
(Eltern-Bank für Kinder)

HILFE!

HALLO, POLIZEI!

SCHWEISS

SCHALTER FÜR SÄMTLICHE GELDGESCHÄFTE
(TASCHENGELD-AUSFLÜGE-FREIZEIT-FERIEN)

NUN JA, DEINE ELTERN SIND GROSSZÜGIG, ABER KEINE MILLIARDÄRE

HINWEIS: FALLS SIE ES DOCH SEIN SOLLTEN, VIELEN DANK FÜR DIE SOFORTIGE WEITERLEITUNG IHRER BANKVERBINDUNG AN DIE AUTORIN DIESES BUCHES ;)

Auch wenn es manchmal schwierig ist, tun deine Eltern alles, um **SUPERHELDEN DER ERZIEHUNG** zu werden

Wenn du dich fragst, wozu das wohl gut sein sollte, sieh dir dieses Schaubild an ⟶

HIER DER ENDGÜLTIGE BEWEIS, DASS DEINE ELTERN DICH MEHR ALS ALLES AUF DER WELT LIEBEN
(AUCH WENN DU SIE NERVST)

GUTEN TAG, MÖCHTEN SIE IHR KIND GEGEN EINE 4-WÖCHIGE REISE AUF DIE PARADIESINSEL + 1 DIAMANTEN IM WERT VON 22 MILLIARDE DOLLAR + MEHRERE ANTIFALTEN-SITZUNGEN BEIM SCHÖNHEITSCHIRURGEN + EINEN LUXUS-RENNWAGEN TAUSCHEN?

VERTRAG

DER FURCHTBARE AGENT DER VERSUCHUNG

HIER DER WAHRE VORTEIL VON ELTERN

Sie tun **ALLES**, DAMIT DU IMMER **SO GLÜCKLICH WIE MÖGLICH** BIST

DAGEGEN IST DER WEIHNACHTSMANN DER REINSTE SCHWINDEL, DER KOMMT NICHT ÖFTER ALS EINMAL IM JAHR

NICHTSNUTZ

VERSPROCHEN, DAS IST DER ECHTE

BETRÜGER

RIESENFAULPELZ

WAS FÜR EIN FAULER HUND

ABER

Trotz all ihrer Riesenvorteile gehen dir deine Eltern wirklich oft auf die Nerven

Mach dir keine sorgen,

das ist NORMAL

DAS KOMMT IN ALLEN FAMILIEN VOR!

DIE SCHLECHTE NACHRICHT

SUPERPERFEKTE ELTERN GIBT ES NICHT!!!

(KINDER ÜBRIGENS AUCH NICHT)

WIE SCHRECKLICH!!!

PERMANENT RUHIG
UND LÄCHELND

JEDERZEIT
100 %
VERSTÄNDNIS
FÜR IHRE KINDER

RASTEN
NIEMALS WEGEN
KLEINIGKEITEN AUS

KAUFEN
UNUNTERBROCHEN
NUTELLA®

NEHMEN IHRE KINDER
NIE ZU LANGWEILIGEN
AUSSTELLUNGEN MIT

HABEN BESCHLOSSEN,
DAS GANZE JAHR
IN DISNEYLAND
ZU WOHNEN

HERR UND FRAU
KOOLERGEETNICH

 DIE GUTE NACHRICHT

WAS SOLL'S! ES IST VIEL LUSTIGER,
ELTERN MIT EIN PAAR MACKEN ZU HABEN!

ES IST ECHT NERVIG:

ELTERN WOLLEN STÄNDIG, DASS DU DICH MIT ALLEM BEEILST

 RAT NR. 1

WENN DU NICHT MEHR KANNST, →
GIB IHNEN SCHNELL EINEN KLEINEN
LÖFFEL **MALANGZAMAMA**

 ← ODER EINE KAPSEL
IMAMITARUPAPA

KÖNNTET IHR BITTE SCHLEUNIGST DAMIT AUFHÖREN, MICH ANZUTREIBEN?

WARUM SIND ALLE ELTERN VON GUTEN MANIEREN BESESSEN?

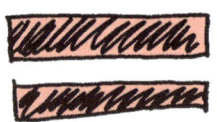

DAS IST GANZ EINFACH,
SIE BEFÜRCHTEN, DASS DIR DAS GLEICHE
FURCHTBARE MISSGESCHICK PASSIERT
WIE IHM

DER BERÜHMTE
ISCHDEK DE MEIFINGAINDINAS,
102 JAHRE ALT

(ER HAT SEINEN FINGER IN DIE NASE GESTECKT,
ALS ER 5 WAR, UND SEITDEM STECKT ER FEST)

SEIN SPEZIALAUTO

MIST

SEIN HUT

UND BALD SEIN MASSGEFERTIGTER SARG!

WAS IST DER UNTERSCHIED ZWISCHEN EINEM ULTRAMODERNEN OFEN UND DIR?

3

4

ER IST SELBSTREINIGEND

ABER DU NICHT

SCHADE!

DA SIEHST DU, WARUM DEINE ELTERN STÄNDIG WOLLEN, DASS DU DICH WÄSCHST, UND **SIE HABEN RECHT**

MANCHMAL VERSUCHEN DEINE ELTERN, DICH ZU QUÄLEN (ZUM BEISPIEL WENN SIE DICH ZUM

ZAHNARZT MITNEHMEN)

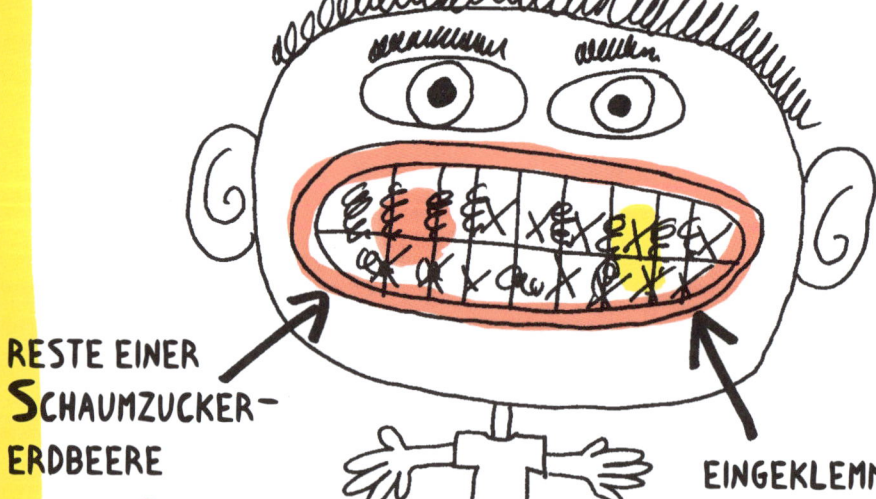

RESTE EINER SCHAUMZUCKER-ERDBEERE

MAOAM® VERBOTEN

EINGEKLEMMTES STÜCK POMMES

ABER IM JAHR 2032

WIRST DU ES IHNEN DANKEN!

WENN DU EIN
HOLLYWOODSTAR
GEWORDEN BIST

DU IN

DER MANN MIT DEM
MAGISCHEN LÄCHELN

ODER MULTIMILLIARDÄRIN ALS MODEL
FÜR ZAHNPASTA-WERBUNG

COLGATE®

BLING

MASCHINE, UM ELTERN IN KINDER ZU VERWANDELN, DAMIT SIE DICH ZU 200% VERSTEHEN

ELTERN SIND MANCHMAL SUPER ANHÄNGLICH

ENTSPANN DICH, MEIN SCHATZ, DAS IST NUR **LIEBE**

SIE WOLLEN DICH
ÜBERALLHIN MITNEHMEN,
AUCH WENN DU LIEBER
EINE DÄMLICHE SERIE
IM TV SCHAUEN WÜRDEST

SIE STREICHELN
DIR STÄNDIG
ÜBER DIE HAARE

SIE SIND DIR
10-MAL AM TAG
PEINLICH

SIE WOLLEN ALLES ÜBER
DEIN LEBEN WISSEN

SIE FÜHLEN SICH
IN DEINEM ZIMMER
WIE ZU HAUSE

UND MANCHMAL SPIONIEREN SIE DICH SOGAR GLATTWEG AUS!

DER BEWEIS AUF DER NÄCHSTEN SEITE

HIER ENDLICH DIE GANZE WAHRHEIT ÜBER DEINEN ERSTEN AUSFLUG, UM GANZ ALLEINE BROT ZU KAUFEN

SIE VERLÄSST DAS HAUS

FALSCHE FUSSGÄNGER MIT LASER-AUGEN

DEINE MUTTER (VERSTECKT) SPRICHT MIT DER BÄCKERIN ÜBER EIN WALKIE-TALKIE

DU

RADAR-HUND

SICHERHEITSWAGEN, JEDERZEIT BEREIT EINZUSCHREITEN

HINWEIS: MAN DARF IHNEN DESWEGEN NICHT BÖSE SEIN, SIE MACHEN SICH NUR SORGEN UM DICH (ABER WENN DU **42** JAHRE ALT BIST UND SIE NICHT DAMIT AUFHÖREN, **HAST DU WIRKLICH EIN PROBLEM)**

DEINE ELTERN
SIND VON OBST,
GEMÜSE,
SPAZIERGÄNGEN
AN DER FRISCHEN
LUFT
UND KULTUR BESESSEN,
UND SIE LIEGEN DAMIT GAR
NICHT FALSCH

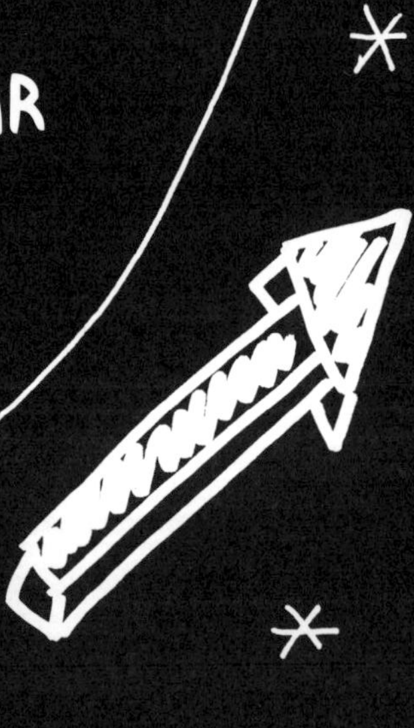

WAS WÄRST DU
OHNE DIES ALLES?

SPIEL

ENTDECKE DIE 3 VERSTECKTEN FEHLER AUF DIESER SEITE

ANTWORT

1: DIE MAMA HAT 3 BEINE
2: DER PAPA HAT 3 AUGEN
3: ELTERN, DIE DAUERND JA ZU ALLEM SAGEN, GIBT ES IM ECHTEN LEBEN NICHT

ABER ELTERN, DIE IMMER
NEIN SAGEN — DAS IST AUCH
NICHT GANZ NORMAL

WENN DAS DER FALL IST, SCHENK IHNEN SOFORT DIESES BUCH

✳ UND ZACK, HIER DAS RESULTAT! ✳

WEIL SIE JEDEN ABEND, SOBALD DU DIE AUGEN ZUGEMACHT HAST, IN DIE DISCO RENNEN?

LET'S DANCE

CRAZY DISCO

ROCK 'N' ROLL

ABER NEIN! SIE WOLLEN NUR, DASS DU DICH GUT AUSRUHST, DAMIT DU AM NÄCHSTEN TAG IN HOCHFORM BIST!

ABER HIER DAS
SCHLIMMSTE
VOM
SCHLIMMSTEN

MANCHMAL BITTEN DICH DEINE
ELTERN UM ETWAS, UND
SIE SELBST MACHEN
DAS GEGENTEIL!!

DER BEWEIS

GEH DIR SCHNELL DIE ZÄHNE PUTZEN, MEIN SCHATZ

TÖDLICHER **MUNDGERUCH**

SEI HÖFLICH, LIEBLING

ACH DU LIEBES BISSCHEN, DIESER BESCHEUERTE SCHEISS-OFEN, VERDAMMT NOCH MAL! MEIN BROKKOLI-AUFLAUF IST TOTAL VERBRANNT!

ALSO ERINNERE SIE DARAN, DASS SIE DIR EIN VORBILD SEIN SOLLTEN!

WINZIGER ZAUBERSTAB, MIT DEM DU
DEINE ELTERN IN EKLIGE KRÖTEN
VERWANDELN KANNST,

WENN SIE ES ÜBERTREIBEN

BEHALTE IHN IMMER
IN DER HOSENTASCHE

STREICHHOLZ FÜR
DEN GRÖSSENVERGLEICH

ELTERN VERTRAGEN ES NICHT, WENN DU IHNEN LÜGENGESCHICHTEN ERZÄHLST, ES MACHT SIE KRANK

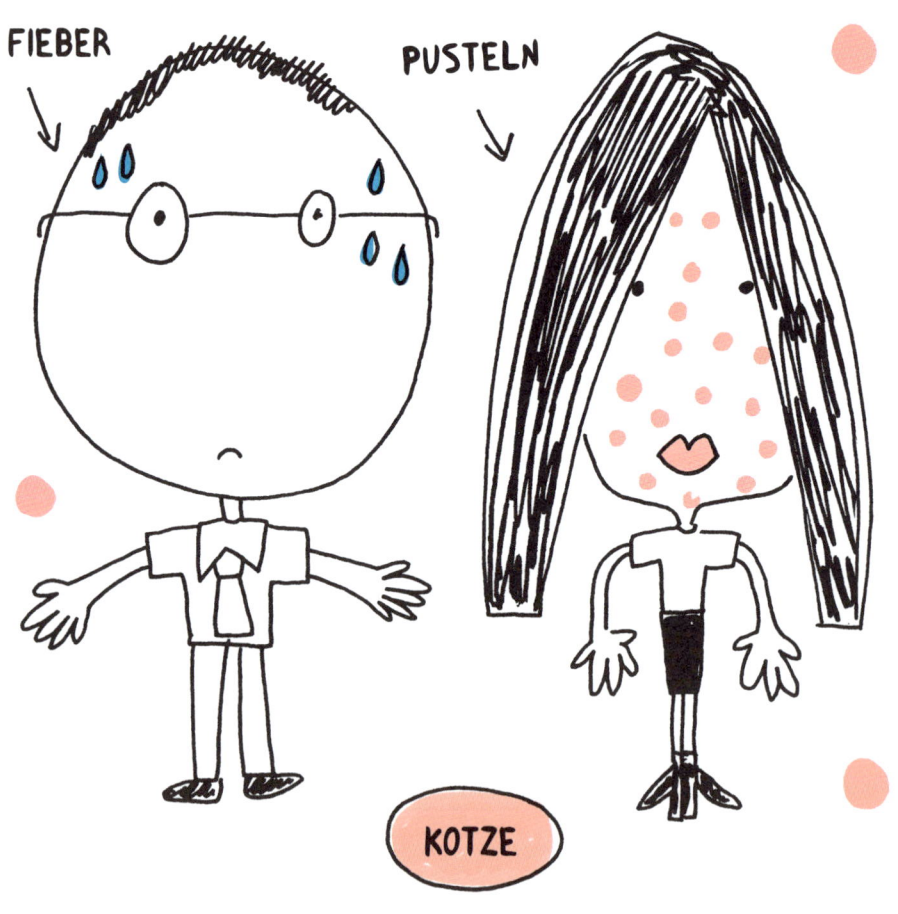

DIESE SCHLIMME KRANKHEIT HEISST:

SCHWERE VERTRAUENSKRISE

ÜBRIGENS, WENN DU ZU VIELE MÄRCHEN ERZÄHLST, WERDEN SIE NICHT WIEDER GESUND UND GLAUBEN DIR NIE WIEDER, AUCH WENN DU DIE WAHRHEIT SAGST, **ALSO PASS GUT AUF!**

DER ERSTE SCHULTAG

ACH JA: DEINE ELTERN BESTEHEN ABSOLUT DARAUF, **ALLE DEINE FREUNDE** KENNENZULERNEN

3 TAGE SPÄTER

DU, VERURTEILT ZU **6** MONATEN GEFÄNGNIS, WEIL DU BONBONS GEKLAUT HAST

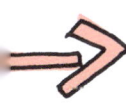

IST JA KLAR, SIE HABEN ANGST, DASS DU DICH SCHLECHT BEEINFLUSSEN LÄSST UND ES MIT DIR DEN BACH RUNTERGEHT!

VORSCHLÄGE

1. LASS SIE ZUNÄCHST AN ETWAS MIT SEHR STARKEM AROMA RIECHEN ↗

2. WENN DAS NICHT FUNKTIONIERT, SCHÜTTE EINEN EIMER EISKALTES WASSER ÜBER SIE

3. ALS LETZTEN AUSWEG RUFE EINE SPEZIAL-AMBULANZ

TATÜÜ TATAA

SOS ELTERN

RETTUNGSTEAM

WIEDERBELEBUNG NACH SUPERSCHLECHTEN ZEUGNISSEN

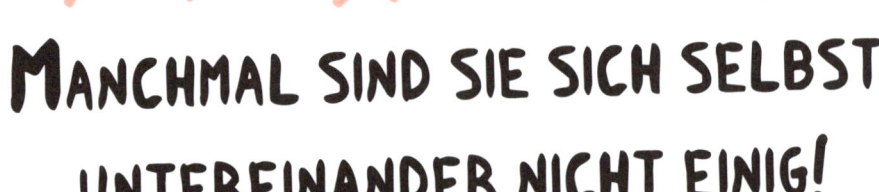

MANCHMAL SIND SIE SICH SELBST UNTEREINANDER NICHT EINIG!

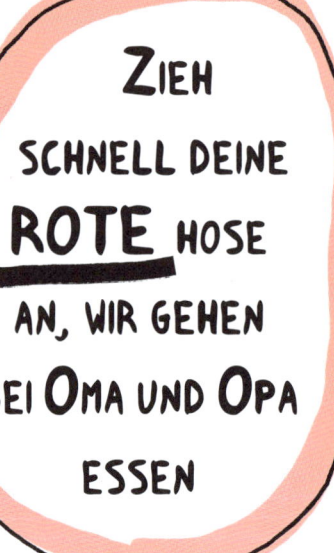

ZIEH SCHNELL DEINE **ROTE** HOSE AN, WIR GEHEN BEI OMA UND OPA ESSEN

BEHALT DEINE **BLAUE** HOSE AN

SUPERNERVIG

HE, LEUTE! ENTWEDER IHR WERDET EUCH EINIG, ODER IHR SCHENKT MIR EIN ZWEITES PAAR BEINE ZUM GEBURTSTAG!

HIER SIND ZWEI SZENEN, VON DENEN DU TRÄUMST, DIE NIE IM **ECHTEN LEBEN PASSIEREN!**

TRAUM

TRAUM

TRAUM

TRAUM

TRAUM

LIEBLING, MÖCHTEST DU, DASS ICH DIR DIE BERÜHMTE MAGISCHE ZAHNBÜRSTE SCHENKE, MIT DER MAN SICH DIE ZÄHNE NUR EINMAL IM JAHR PUTZEN MUSS?

TRAUM

TRAUM

TRAUM

TRAUM

LOS, GIB'S ZU!
SCHÄMST DU DICH RICHT

BEISPIEL NR. 1

HA HA HA HA HA
HA HA HA HA HA
HA HA HA HA HA
HAHAHAHAHAHA
HOHOHOHOHO
HU HU HU HAHA
HIHIHIHI HAHA

LACHT DÄMLICH
UND VIEL ZU LAUT
VOR ALLEN LEUTEN

VOM FRISÖR
VERHUNZT

TOTALE
OMA-BLUSE

FALTENROCK
SO WAS VON
20. JAHRHUNDER

DU, VOR SCHAM STERBEND

DEINE MAMA

IN MANCHEN SITUATIONEN
FÜR DEINE ELTERN

DU, 100 % SIGNALROT,
WEIL DEIN PAPA DICH GERADE
»MEIN LIEBSTER TUTZIBUTZI-SCHNUCKELHASE« GENANNT
UND DICH VOR ALL DEINEN KUMPELS BLAMIERT HAT

DER TIPP

SAG DEINEN FREUNDEN EINFACH, DAS SIND
ÜBERHAUPT NICHT DEINE ECHTEN ELTERN,
SONDERN ZWEI **VERRÜCKTE, DIE DU GERADE AUF**
DER STRASSE GETROFFEN HAST

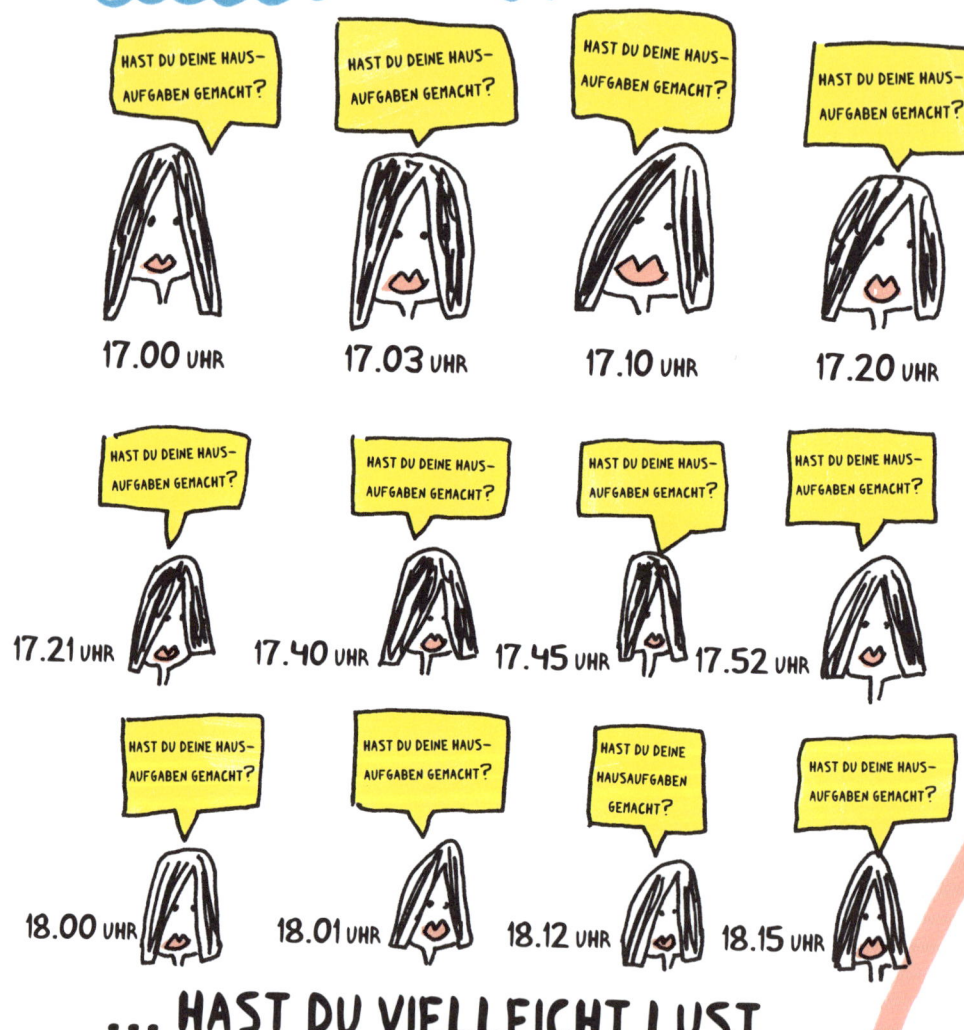

... HAST DU VIELLEICHT LUST,

EINE KLEINANZEIGE

AUFZUGEBEN

DRINGEND

GROSSARTIGES KIND **TAUSCHT** SOFORT **SEINE ELTERN** GEGEN ELTERN, **DIE ES NICHT ZWINGEN, SEINE HAUSAUF-GABEN ZU MACHEN, UND** KOMPLETT **AUF SEINE SCHULISCHEN LEISTUNGEN PFEIFEN**

ABER PASS AUF!

DAS KANN NACH HINTEN LOSGEHEN

MITTELS TELEPORTATION KANNST DU BEI EINER FAMILIE VON DICKEN, DEBILEN PINGUINEN LANDEN + BIST GEZWUNGEN, ROHE SARDINEN ZU ESSEN + DIR DEN GANZEN TAG DEN HINTERN AUF DEM PACKEIS ABZUFRIEREN

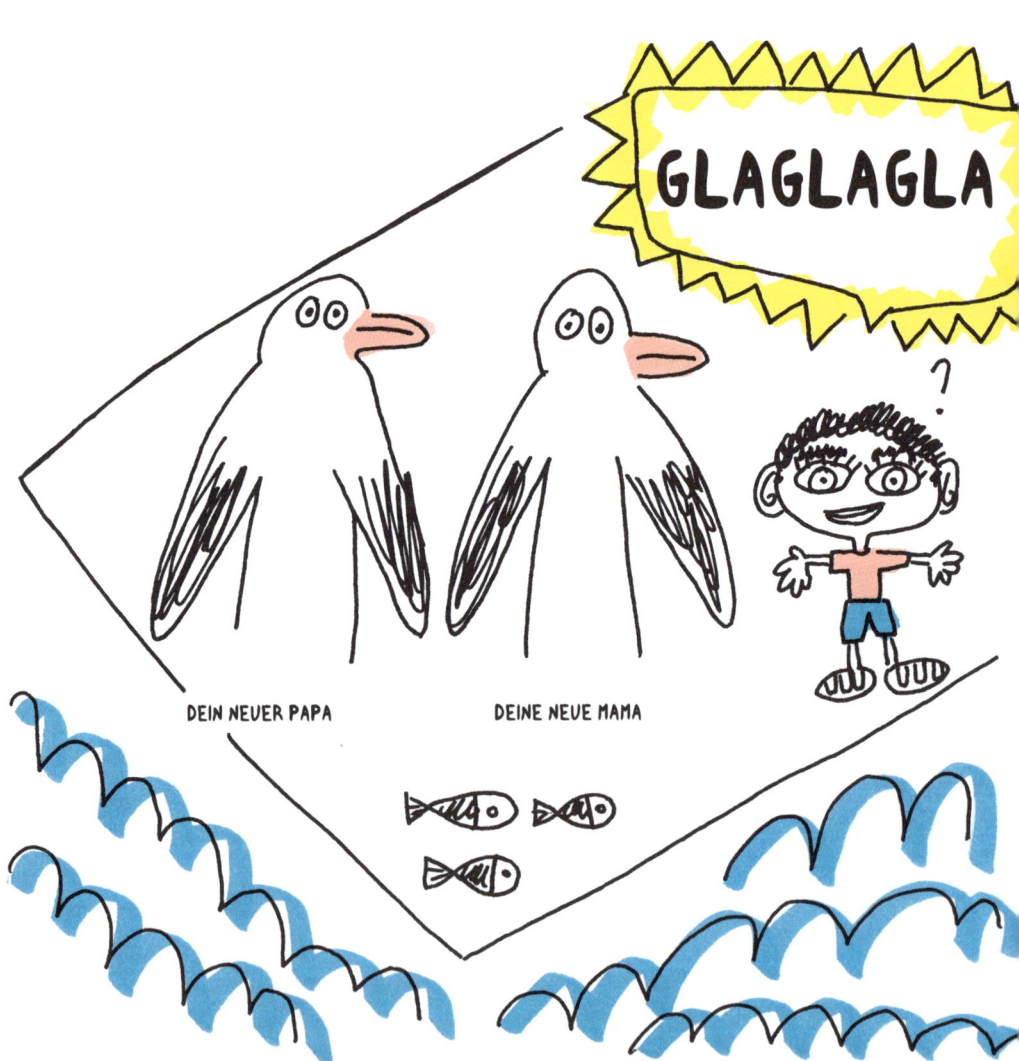

ODER NOCH SCHLIMMER

BEI EINEM STAMM POLYGAMER WILDER MITTEN IM DSCHUNGEL

DEIN STAMMES-VATER

DIE FRAUEN DEINES NEUEN PAPAS

DAS ABENDESSEN DER GANZEN FAMILIE (SCHLANGE UND VOGEL-SPINNEN AM SPIESS)

DAS SCHLAFZELT DEINER 250 BRÜDER UND SCHWESTERN

DIE MORAL: ES IST BESSER, DU VERSUCHST, DICH MIT DEINEN ECHTEN ELTERN ZU VERSTEHEN

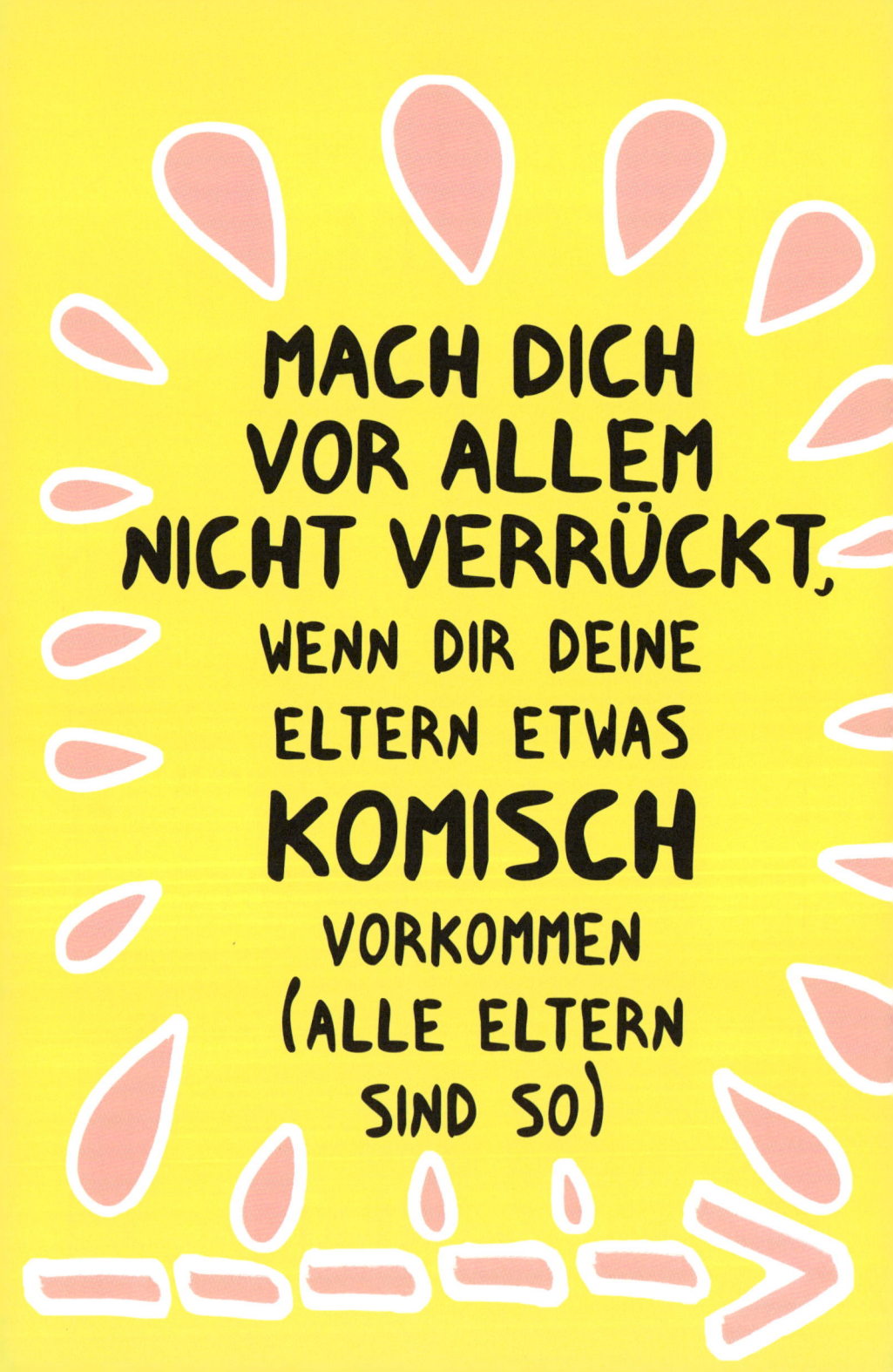

MACH DICH
VOR ALLEM
NICHT VERRÜCKT,
WENN DIR DEINE
ELTERN ETWAS
KOMISCH
VORKOMMEN
(ALLE ELTERN
SIND SO)

BEISPIEL

ARGHHHH !!!

WER HAT SCHON WIEDER MEINEN FÖN WEGGENOMMEN?

HALTET DEN DIEB!

DEINE HYSTERISCHE MAMA IM BADEZIMMER

ARGHHHH !

SERIÖSE UND VERANTWORTUNGSVOLLE

ERWACHSENE ZU SEIN

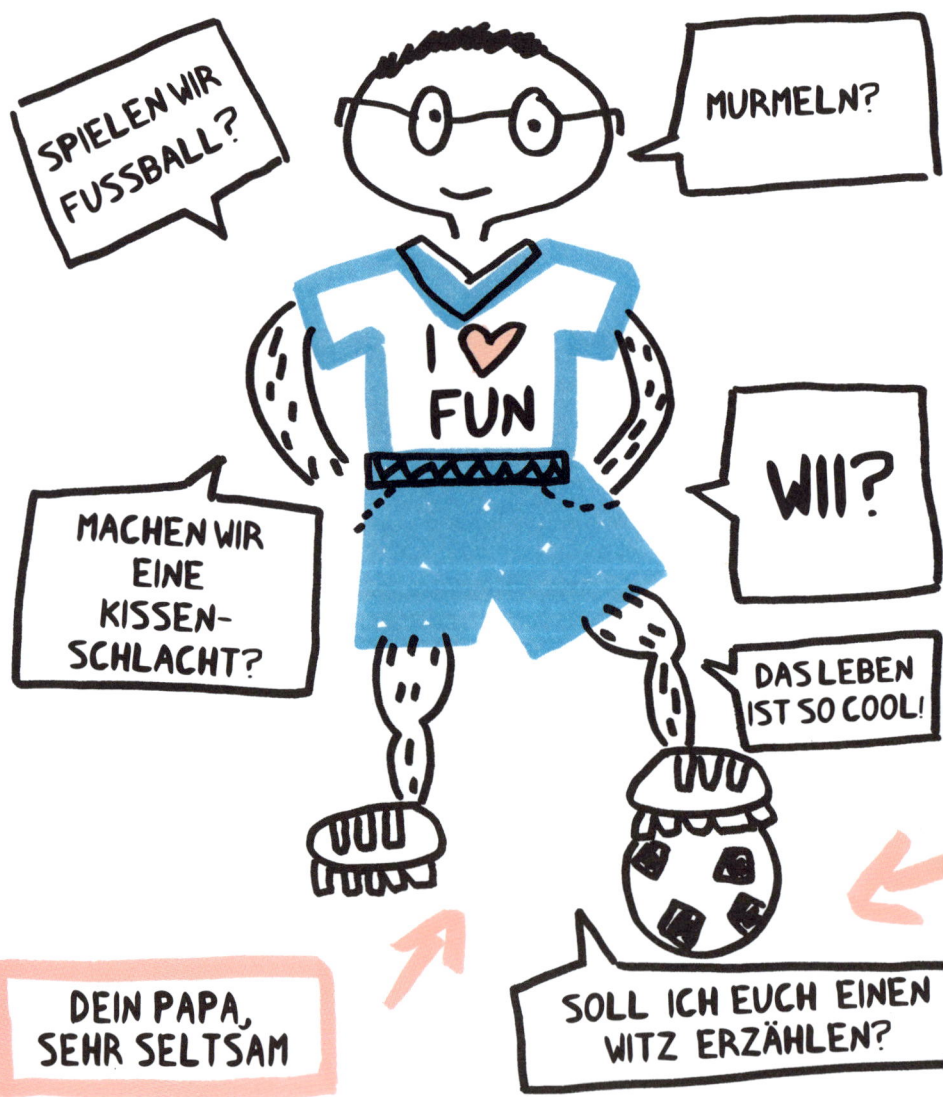

SIE WERDEN DANN VON SCHLIMMEN KRISEN VON **»NASEFOLFOMÄRWAXNSEIN«** ERGRIFFEN, VON DENEN HIER EINIGE SYMPTOME ZU SEHEN SIND

GAR KEIN PROBLEM! DAS IST DIE LUSTIGSTE KRANKHEIT DER WELT (ÜBRIGENS IST DIE AUTORIN DIESES BUCHES SEHR SCHWER DARAN ERKRANKT)

DU KÖNNTEST SOGAR DAS SELTSAME GEFÜHL BEKOMMEN, NICHT **IMMER** DER MITTELPUNKT IHRER WELT ZU SEIN

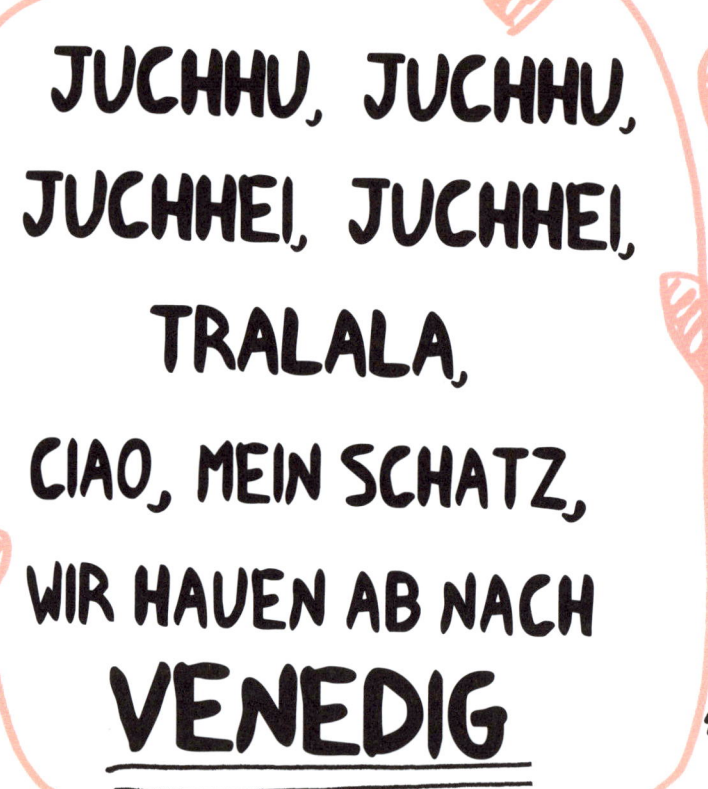

JUCHHU, JUCHHU, JUCHHEI, JUCHHEI, TRALALA, CIAO, MEIN SCHATZ, WIR HAUEN AB NACH **VENEDIG**

LA DOLCE VITA AMORE MIO ♪♪

ÜBRIGENS, SCHAU MAL HIER ...

DEIN HÜBSCHER KOFFER
FÜR EINE WOCHE BEI
OMA UND OPA

SCHÖNE FERIEN!

DAS IST IN ORDNUNG, SIE SIND NICHT NUR
DEINE ELTERN, SONDERN VOR ALLEM
ZWEI MENSCHEN!

DAS GROSSE MYSTERIUM:

DEINE ELTERN SIND NICHT IMMER DIESELBEN:

SIE HABEN HÖHEN UND TIEFEN

BEISPIEL

AN EINEM TAG: GUT AUSSEHEND, STRAHLEND UND FRÖHLICH

AUF

AM NÄCHSTEN TAG: EHER UNATTRAKTIV UND ÜBELLAUNIG

AB

KOHLKOPF

KARTOFFELKOPF

UND ZACK
+ 10 JAHRE!

DAMIT DU DAS AUF UND AB BESSER
VERSTEHST, SCHAU DIR DIE GRAFIK
AUF DER NÄCHSTEN SEITE AN

ENTSCHLÜSSELE UND VERSTEHE DIE LAUNEN DEINER ELTERN MIT DIESEN 2 KURVEN

DEIN PAPA

SIEG BEIM FUSSBALL

PERFEKT AUSGESCHLAFEN NACH EINER RUHIGEN NACHT

IMMER MONTAG-MORGENS

SCHLECHT GESCHLAFEN MIT ALBTRÄUMEN

STREIT MIT MAMA

DEINE MAMA

FANTASTISCHER ARBEITSVERTRAG

RESERVIERUNGEN FÜR DEN NÄCHSTEN URLAUB IN NEW YORK

IMMER MONTAG-MORGENS

BEMERKT, DASS GESTAUBSAUGT WERDEN MUSS

STREIT MIT PAPA

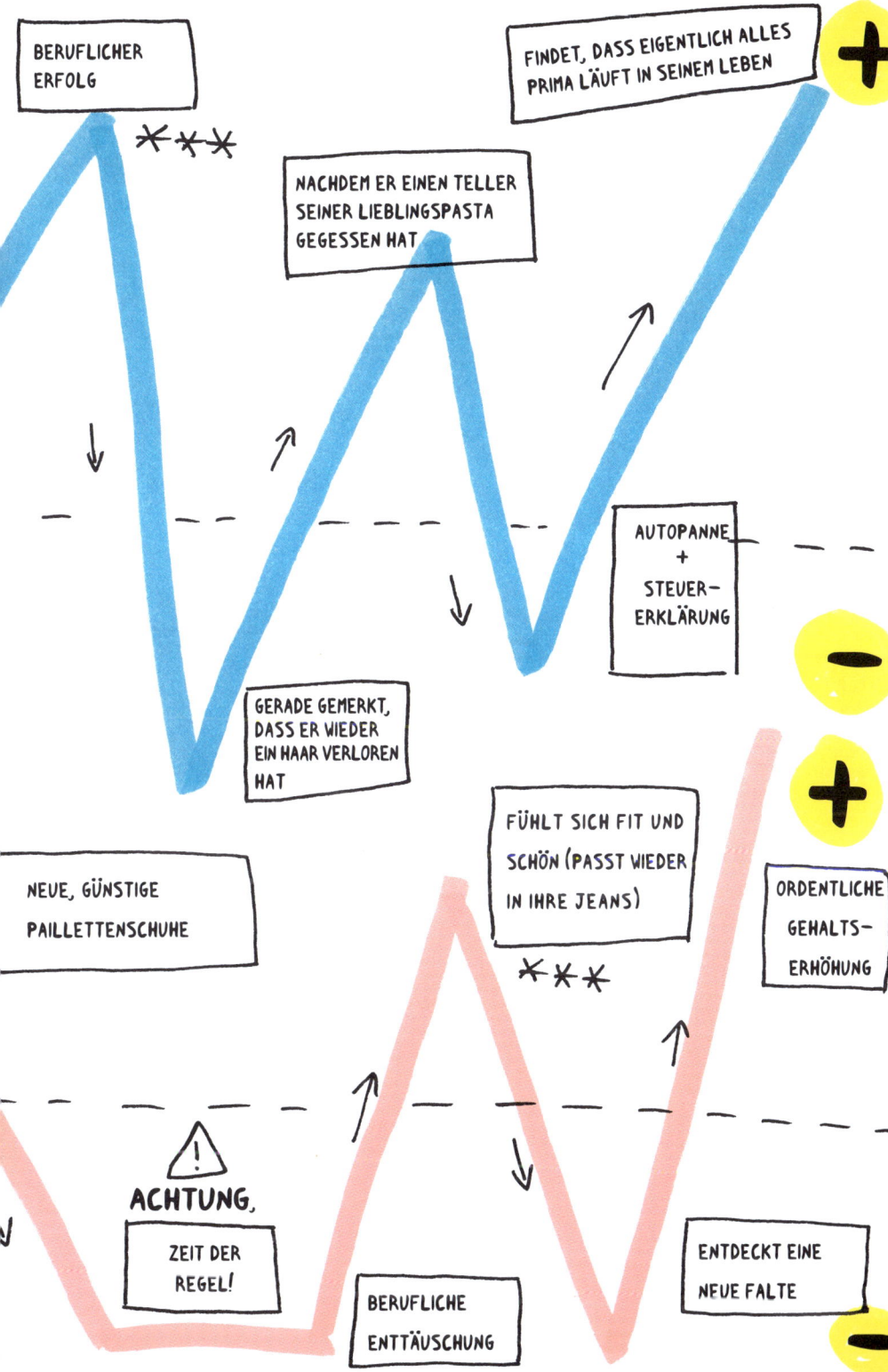

ES IST WIRKLICH FÜRCHTERLICH!

ES KANN VORKOMMEN, DASS DEINE EXTREM GENERVTEN ELTERN WIRRES ZEUG REDEN, WEIL IHNEN NICHTS MEHR EINFALLEN WILL, DAMIT DU GEHORCHST

MAN DARF IHNEN AUF KEINEN FALL GLAUBEN!

DIE E.G.I.
(ECHT GUTE IDEE),
WENN DU ÜBERHAUPT
KEINE LUST HAST ZU
GEHORCHEN

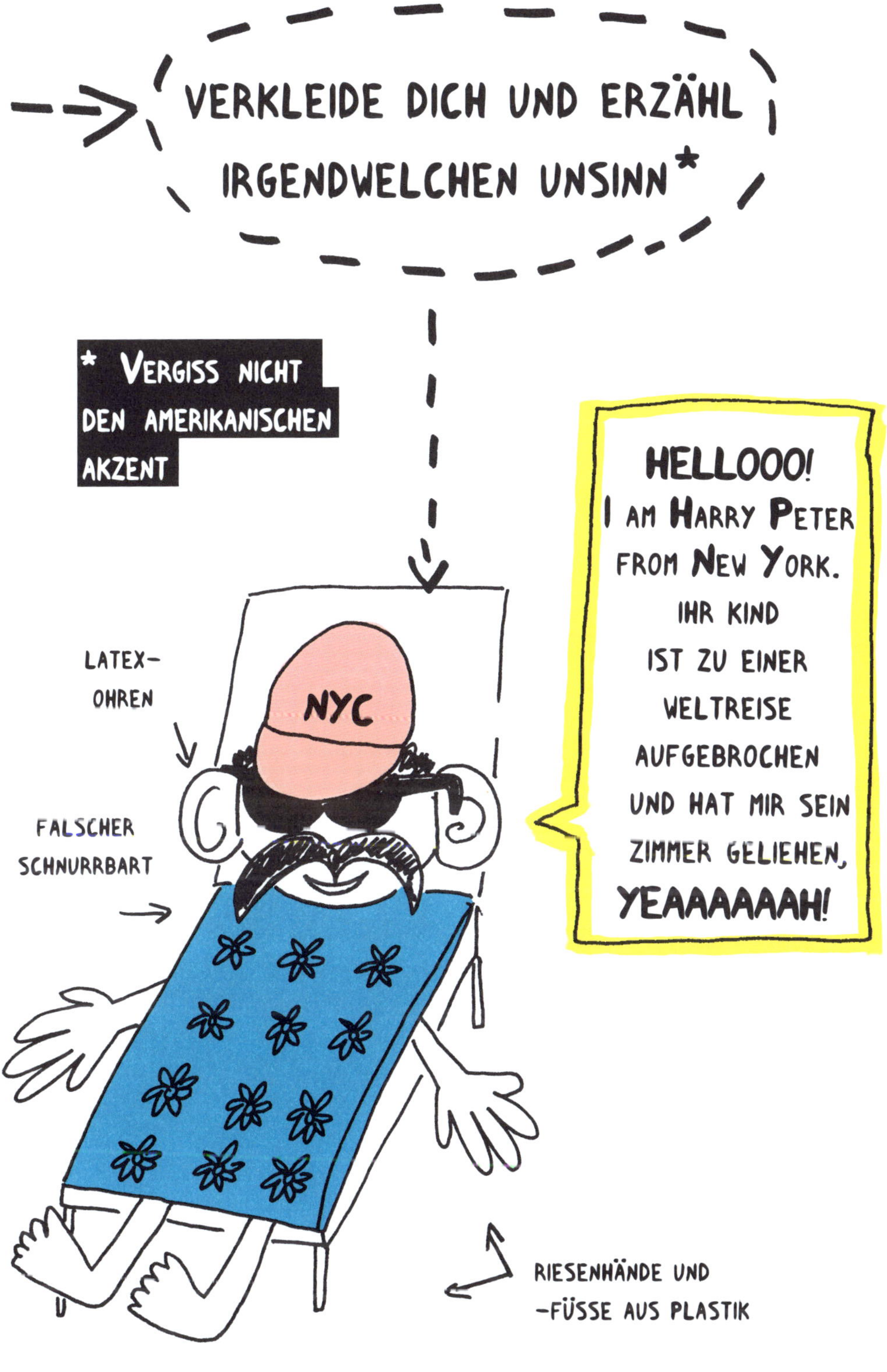

HIER EINIGE
CLEVERE
RATSCHLÄGE,
DAMIT ALLES
BESTMÖGLICH
LÄUFT MIT
DEINEN ELTERN

JA

SAG DAS OFT

> LIEBE ELTERN,
> WAS KANN ICH TUN,
> UM EUCH ZU HELFEN?

~~NEIN~~

SAG DAS NICHT

> LIEBE ELTERN,
> ES KOMMT NICHT INFRAGE,
> DASS ICH DEN TISCH DECKE,
> UND ERST RECHT NICHT,
> DASS ICH MEINEN
> TELLER ABRÄUME,
> IHR TRÄUMT WOHL!

HILF DEINEN ELTERN ZU **VERSTEHEN,** DASS DU **ERWACHSEN** WIRST, INDEM DU IHNEN **DIESES BILD VON DIR IN 10 JAHREN ZEIGST**

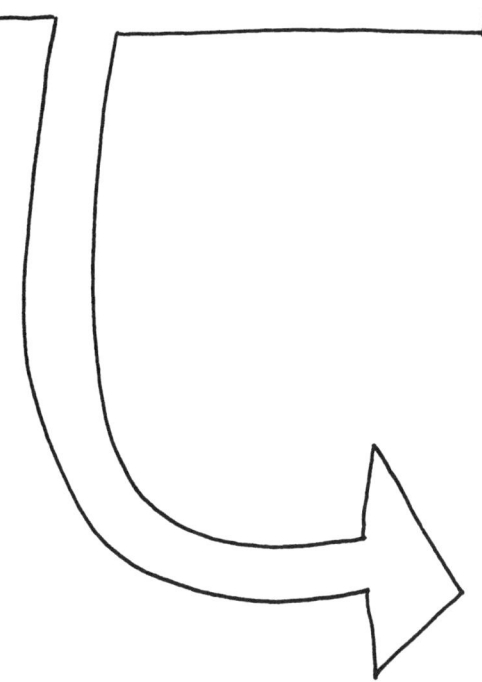

HINWEIS: GEH BEHUTSAM VOR, ES KÖNNTE SIE SEHR SCHOCKIEREN

PHANTOMBILD
WENN DU EIN MÄDCHEN BIST
ODER
WENN DU EIN JUNGE BIST
1,99 M
STOPPELIGER BART
GRABESSTIMME
KÖRBCHEN-
GRÖSSE D
KÖRPER EINER LADY
SCHUHGRÖSSE 42
SCHUHGRÖSSE 48

BEVOR DU
DEINE ELTERN UM
ETWAS BITTEST,
SCHAU DIR GANZ GENAU IHREN
GESICHTSAUSDRUCK AN UND
VERGLEICHE IHN MIT DER
NÄCHSTEN SEITE

NICHT MAL EINEN
VERSUCH WERT

DU RISKIERST
EINE ABLEHNUNG

GUTE CHANCE
AUF ERFOLG

AUF GEHT'S,
MEIN FREUND!
JETZT ODER NIE!

WER SIND DIESE BEIDEN
SEHR, SEHR SELTSAMEN
WESEN?

LÖSUNG

WUNDERBAR GUT LAUFEN
UND ALLES WIRD
ALSO VERMEIDE DAS
BEREITET HAST.
KOPFZERBRECHEN
NACHDEM DU IHNEN ZU VIEL
DAS SIND DEINE ELTERN,

MACH IHNEN EINE FREUDE!
SCHENK IHNEN ORIGINELLE, SELBST GEBASTELTE GESCHENKE!

VATERTAG

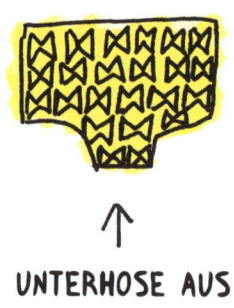

↑

UNTERHOSE AUS
PASTA FARFALLE

↑

KRAWATTE AUS
HÖRNCHEN—NUDELN

↑

WINZIGE FLIEGE
AUS FARFALLE

MUTTERTAG

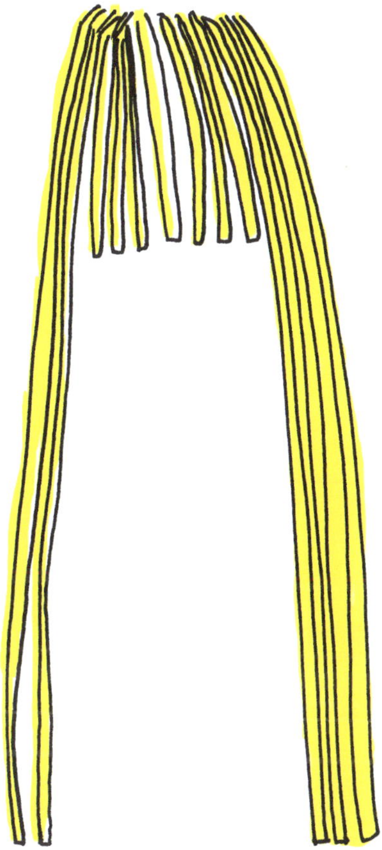

BLONDE PERÜCKE
AUS SPAGHETTI
(ODER TAGLIATELLE)

DIE FREUDE
ZU SCHENKEN

SCHMUCKSET AUS
HÖRNCHENNUDELN (KETTEN-
ANHÄNGER + OHRRINGE)

Es lebe

Kleine Tipps am Rande

- **Rede so viel wie möglich mit deinen Eltern**
- **Stell ihnen Fragen**
- **Mach deine Meinung und deine Gefühle deutlich**
- **Erzähl von deinem Tag**

Ich mag keinen Blumenkohl.

Was haltet ihr von Atomenergie?

Warum sagt ihr das?

DIE KOMMUNIKATION!

MIT WORTEN WERDET IHR EUCH
BESSER VERSTEHEN

UND JIPPIE,
SCHON GEHT ALLES
BESSER!

FINDE JEDEN TAG EINEN AUGENBLICK, UM MIT DEINEN ELTERN ZU LACHEN

SELBST WENN DEIN PAPA RECHNUNGSPRÜFER FÜR EINEN GROSSEN FRIEDHOF IST

UND DEINE MAMA VERKÄUFERIN
VON SCHOKOLADEN—TOTENKÖPFEN

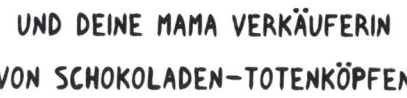

WIE VIELE
HÄTTEN SIE GERN?

ES LEBE ALLERHEILIGEN!

WENN SIE NICHT BESONDERS WITZIG SIND,
KITZEL SIE SCHNELL MIT DIESER FEDER
UNTER DEN ACHSELN

HI HI HI
HI HI HI

LEERE SEITE, UM EIN FOTO VON DEINEN ELTERN EINZUKLEBEN

ODER SIE ZU ZEICHNEN

SMILE!

VEREHRTER LESER,

DU HÄTTEST DIR WIRKLICH NICHT DIE MÜHE MACHEN MÜSSEN, DICH DAMIT ZU ERMÜDEN, MEIN BUCH BIS ZUM UMFALLEN GANZ ZU LESEN (DU HÄTTEST LIEBER INS SCHWIMMBAD ODER INS KINO GEHEN SOLLEN), DENN ELTERN SIND VOR ALLEM FÜR EINE SACHE GUT:

IHRE KINDER ZU LIEBEN,

UND DER GANZE REST IST NICHT SO WICHTIG!

ABER DANKE TROTZDEM, ES FREUT MICH WIRKLICH SEHR!

DIE AUTORIN, VERKLEIDET ALS FLIEGENPILZ, DAMIT SIE UNERKANNT BLEIBT, WENN SIE IM WALD SPAZIEREN GEHT

So, jetzt ist es WIRKLICH ZU ENDE! Aber MIST! Ich hab gar nicht alles gesagt, denn die Beziehung zwischen Eltern und Kindern ist ein ENDLOSES Thema, so wie:

DER HIMMEL

DAS MEER

DER SPASS

DIE FANTASIE

DIE POESIE

DIE LIEBE

ALSO BIS BALD !

GEZEICHNET Françoize

1. Auflage 2021
© 2021 by Yes Publishing – Pascale Breitenstein & Oliver Kuhn GbR
Türkenstraße 89, 80799 München
info@yes-publishing.de

Die französische Originalausgabe erschien 2011 bei Éditions Nathan SEJER unter dem Titel *Le livre qui t'explique enfin tout sur les parents.*
© 2012 by Éditions Nathan SEJER – Paris, Frankreich. All rights reserved.

Übersetzung: Katharina Knüppel
Satz: Müjde Puzziferri, MP Medien, München
Druck: Florjancic Tisk d.o.o., Slowenien
Printed in the EU

ISBN Print 978-3-96905-096-5
ISBN E-Book (EPUB, Mobi) 978-3-96905-098-9
ISBN E-Book (PDF) 978-3-96905-097-2

PS: BITTE SCHENK DIESES BUCH ALL DEINEN FREUNDEN, DAMIT SIE ENDLICH IHRE ELTERN VERSTEHEN